ORIGINE

DU

SACRE DES ROIS.

ORIGINE ET ESPRIT

DU

SACRE DES ROIS.

BIBLIOTHÈQUE ROYALE

TOULOUSE,

IMPRIMRIE DE ARMAND DIEULAFOY, ÉDITEUR;

RUE MONTARDY, 26.

—

1842.

ORIGINE ET ESPRIT

DU

SACRE DES ROIS.

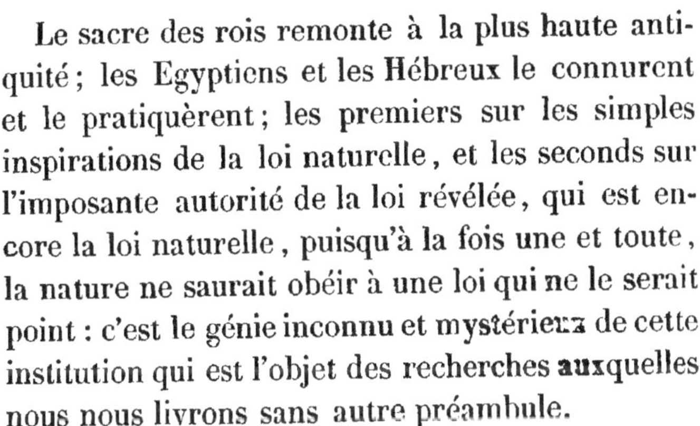

Le sacre des rois remonte à la plus haute antiquité ; les Egyptiens et les Hébreux le connurent et le pratiquèrent ; les premiers sur les simples inspirations de la loi naturelle, et les seconds sur l'imposante autorité de la loi révélée, qui est encore la loi naturelle, puisqu'à la fois une et toute, la nature ne saurait obéir à une loi qui ne le serait point : c'est le génie inconnu et mystérieux de cette institution qui est l'objet des recherches auxquelles nous nous livrons sans autre préambule.

Qu'est-ce que le roi ? la loi vivante ; car la loi écrite n'est qu'une lettre morte sans l'esprit souverain qui la vivifie en l'observant pour la faire observer. Or, quel est le vœu de la loi ? la stabilité, le repos, la paix.... et quel est de l'assentiment universel le symbole de la stabilité, du repos, de la paix ? c'est l'olivier : donc, par la plus logique des déductions, l'olivier doit de l'assentiment universel empreindre son caractère sur la loi personnifiée, ou le roi.

Cet accord des peuples dans le signe qui le re-présente, se fait remarquer d'autant mieux que l'emblème de la guerre diffère de nations à na-tions : les drapeaux, dans les camps ennemis, se distinguent partout entre eux non moins par leurs teintes diverses que par les insignes qui les déco-rent ; au lieu que partout, dans ces mêmes camps ennemis, le pacifique caducée est ceint de l'olivier, dont l'invariable et féconde verdure fait naître la douce espérance qu'elle comble de biens. Ce phé-nomène unique, parce qu'il est général, trouve son explication dans les paroles suivantes du *Christ de-vant le siècle :*

« Le brin d'olivier que rapporte à son bec la co-
« lombe, ce premier indice de la nouvelle de-
« meure, de la terre purifiée, cette preuve du
« céleste pardon, reste le symbole du pardon hu-
« main, le signe de la réconciliation entre les peu-
« ples. Le rameau d'olivier devient l'emblème de
« la concorde, l'inviolable sauve-garde des envoyés
« des nations. Dès que le sol le refuse aux hom-
« mes, fictivement ils le créent et le représentent ;
« le savant druide, par le gui du chêne, l'ignare
« Huron, par la tige du calumet de paix (1). »

La mémoire de ce brin d'olivier qui, de père en fils, s'est perpétuée à la fin jusqu'à nous, malgré la diversité prodigieuse des lieux, des climats, des

(1) Rosselly-de-Lorgues, *le Christ devant le siècle*, chap. 10, page. 304.

temps, des révolutions, des mœurs et des caprices humains, exprime donc une idée inhérente et commune à toute notre espèce, et lui révèle par cela seul un dessein permanent du dieu qui la protége à jamais.

En effet, M. Rosselly-de-Lorgues dit :

« L'étude du passé démontre que, loin d'avoir
« grandi par ses propres efforts, l'homme n'a fait
« que décroître ; il incline au dépérissement ; et
« sans l'action constante du regard de la Provi-
« dence, qui toujours le relève et le maintient, sa
« race se serait dès long-temps éteinte (1). »

Or, si de nos jours, au sein de l'abondance et avec tous les éléments des plaisirs et des prospérités qu'elle enfante sans nombre, la race de Noë a néanmoins, pour ne pas s'éteindre, besoin de l'action constante du regard de la divinité, quel ne fut pas pour elle ce besoin lorsqu'elle était au moment de périr tout entière dans son auteur ? Si notre sagesse, aveugle qu'elle est, sait pourtant comme elle le doit, proportionner ses moyens à leur but, croirons-nous que l'infaillible sagesse n'a point su mettre un juste rapport entre ses moyens et leur but ? Loin, loin, cette pensée absurde et criminelle ! Dans notre époque tranquille, il suffit sans doute à l'homme du bienveillant regard de son dieu ; mais dans un cataclisme surnaturel, mais dans l'épouvantable déchaînement des eaux

____

(1) *Le Christ devant le siècle*, ch. 11, p. 317.

diluviennes qui, dans leurs chocs désordonnés, bondissaient, rugissaient, furieuses et béantes, sous la nacelle qui, sur un océan sans port et sans rivages, gardait la fragile et l'unique espérance du monde, le seul regard protecteur de la divinité ne lui suffisait plus : il ne lui fallut rien moins que la présence même du *Dieu qui met un frein à la fureur des flots*, sur le navire dont il se fit le pilote.

Ce pilote fut le Saint-Esprit, fut le divin amour, fut la blanche colombe, dont il a le cœur tendre, et dont il emprunte la forme grâcieuse et légère.

Et ce phénomène se confirme par des phénomènes antérieurs et postérieurs qui coïncident parfaitement avec lui.

« Au commencement, Dieu créa le ciel et la « terre. La terre était informe et toute nue; les « ténèbres couvraient la face de l'abîme; et l'es « prit de Dieu était porté sur les eaux (1). »

Les actes de la divinité sont toujours comme ils doivent l'être, les plus simples, les moins coûteux; et si son regard lointain était suffisant pour l'émersion du globe hors des eaux, pourquoi venir en personne sur les eaux y mettre en fermentation par sa chaleur les germes, jusqu'alors inféconds, du cahos éternel? Aux époques de la création et du déluge la terre était noyée au fond de l'abîme, et son sauveur, une première fois, ne pouvait sans se démentir ne pas l'être une seconde : les deux

_____

(1) *Genèse*, ch. 1, v. 1, 2.

cas furent absolument les mêmes, et nécessairement le double remède qu'ils provoquaient fut et dut être absolument le même.

« Jésus ayant été baptisé, comme il faisait sa « prière, le ciel s'ouvrit, et le Saint-Esprit descen-« dit sur lui en forme corporelle comme une co-« lombe (1). »

Si l'esprit de Dieu se reposa sous la forme corporelle d'une colombe, sur le *monde moral* ou Jésus, au sortir des eaux du Jourdain, quel inconvénient qu'il se reposât sous la forme corporelle d'une colombe sur le *monde physique*, au sortir des eaux du déluge, et, par induction, sur l'onde innavigable du *tohu-bohu* incréé? Quelques circonstances accessoires changent peut-être dans ces faits divers, mais leurs principales circonstances, en quoi donc changent-elles? Arguer ces trois phénomènes de faux c'est nier leur concordance divine ; car si le mensonge, qui toujours se contredit, emprunte à ce point les dehors de la vérité, qui ne se contredit jamais, comment faire pour les distinguer l'un de l'autre?

(1) Luc. *Evangile*, ch. 3, v. 21.

Dieux taïtiens : — Tane, te Médoua, le père, l'homme.

Oro Mattiou, Dieu le fils.

Taroa, Manou, te hooa, l'*oiseau*, l'esprit, le dieu créateur.

(Lesson, *Voyage autour du monde*, vol. 1, p. 395).

Les dieux principaux de la Nouvelle-Zélande sont : Dieu le père, Dieu le fils, et Dieu l'*oiseau* ou l'esprit.

(*Ibid.*, vol. 2, p. 369).

De plus, Moïse qui était en son temps la personnification biblique du monde charnel, et du *monde moral* ou Jésus, ne fut-il point, comme le premier, sauvé d'une inondation sur un esquif, et, comme le second, d'un massacre d'enfants à la mamelle? Et ces deux nouvelles coïncidences dans les livres sacrés y sont-elles deux nouvelles impostures?

En outre, saint Pierre le pêcheur habitait par état sur les eaux, dans sa barque. Une fois il fut porté sur les eaux comme Jésus fut une fois porté sur les eaux; comme le Saint-Esprit fut une fois porté sur les eaux. Successeur du Christ au gouvernail du vaisseau de l'Eglise sur les eaux corrompues du siècle, il devint, par adoption, ce que le Christ était par nature, le fils du Saint-Esprit, du céleste amour, de la colombe: et réellement, quel est en hébreu le surnom de Simon-Pierre? *Barjonas*, fils de la colombe.

C'est peu: la sage Minerve, Minerve, l'intelligence ou l'esprit de Jupiter, est le mythe payen de l'intelligence ou de l'esprit de Dieu; car ils donnent l'un et l'autre à l'homme une tige d'olivier. Et à quelle époque lui font-ils ce riche présent? A l'époque du déluge universel divinisé sous le nom de Neptune, le roi des mers, de Neptune qui tenta d'envahir l'empire du monde en l'engloutissant dans les flots sous l'influence du coursier sidéral qu'il fit bondir impétueux et frémissant du sein de

la terre déchiré, rompu d'un coup de son trident redoutable.

« Toutes les sources du grand abîme des eaux furent rompues (1). »

Doublure évidente du Saint-Esprit, la déesse Minerve a elle-même sa propre doublure dans Ulysse le navigateur. Elle le sauve des fureurs de Neptune, père de la matière née en ses humides états, et par extension, père du matérialisme, de l'athéisme, personnifiés dans le cyclope Polyphème, enfant horrible et bien-aimé de Neptune. Jeté par une effroyable tempête dans l'île de Schéérie emblème de la céleste cité, Ulysse y trouve aussitôt un asile entre deux plants d'oliviers environnés d'une épaisse forêt de rejetons. Arrivé dans Ithaque, il médite avec Minerve sa vengeance contre ses ennemis à l'ombrage d'un superbe olivier ; et enfin, lorsqu'il est vainqueur des éléments, des hommes et des dieux conjurés contre lui, Ulysse se repose de toutes ses peines dans son lit nuptial soutenu sur le vieux tronc d'un olivier façonné de sa main.

Or, que conclure dans l'intérêt de la cause que nous avons entreprise de tant de faits indestructibles, inattaquables? c'est, au témoignage de Dieu, et des hommes, enfants de Dieu, l'excellence de l'olivier et de la liqueur qu'il distille. Elle est d'un usage si ancien, si universel, si commun dans les

____

(1) Genèse, ch. 7, 11.

fourneaux gastronomiques dont elle assaisonne les apprêts, dans les ateliers dont elle anime les ressorts endurcis, dans les temples dont elle entretient le feu perpétuel, qu'il serait non moins long qu'inutile d'en esquisser le tableau. L'olive mûre est excellente, l'olive verte délicate, et l'arbre qui les porte est l'un des plus agréables objets qu'on puisse voir. Sa constante parure semble lui donner le privilége d'une immortelle jeunesse; on le transplante enfant et on le transplante vieillard; il en est qui scindés dans toute leur longueur, se transforment en plusieurs jumeaux qu'une même souche nourrit d'une sève commune; d'autres paraissent déchirés en éclats de la main de Milon ou d'Hercule. Ici, l'écorce manque au bois, là, le bois manque à l'écorce, et néanmoins, malgré tant de mutilations, ce robuste vétéran de l'empire végétal dont il fait la gloire, ni plus ni moins que ses arrière-neveux à la dixième génération se décore de fleurs et se charge de fruits. Enfin, il est encore dans la terre sainte des oliviers donc le trône patriarchal, impérissable, énorme, a depuis une multitude de siècles fatigué la faux du temps sous laquelle ils se rajeunissent toujours.

L'olivier est si sobre, qu'il ne veut de loin en loin pour tout engrais, que l'inutile poudre des monuments en ruine qu'il a vus bâtir. Sa feuille a pour les troupeaux un attrait irrésistible; son émondage entretient le foyer domestique où il s'enflamme tout vif; et après tout, lorsque épuisé sans ressource par ses innombrables largesses, il s'affaiblit, succombe et meurt, sa tige sous la varlope du ménuisier, sa racine sous le ciseau de l'ébéniste, fournissent à la commodité des meubles solides et au luxe des bijoux précieux.

Faut-il donc s'étonner qu'émus et pénétrés jusqu'au fond du cœur de l'incessante profusion d'avantages qu'ils tenaient du seul olivier, les hommes primitifs entraînés par leur imagination naïve, ou plutôt, par leur reconnaissante mémoire, aient vu dans ce magnifique favori du ciel et de la terre, un don très direct et très immédiat de la munificence divine? En raison de sa noblesse, ils l'élévèrent au rang qu'ils lui devaient, au premier sans exception; ils l'assimilèrent à tout ce qu'ils connaissaient dans l'univers de glorieux, de supérieur, de transcendant, aux riches, aux seigneurs, aux potentats. La royale concordance de leurs bienfaits fit tout d'un temps proclamer la concordance de leur royale suprématie. L'olivier fut le roi des arbres ; on en couronna spontanément les portraits, les bustes, les statues, la tête du roi; et par une transition insensible, conséquente, inévitable, l'on imagina de marquer sa personne même du caractère de l'olivier. Cet impromptu si heureux et si simple tel qu'en puisse être l'auteur, fit en naissant comme il devait la faire, une subite et prodigieuse fortune. Il flatta singulièrement et dans leur amour-propre, et dans leur intérêt politique, les princes dont il déclarait la tête inviolable et sacrée, dont il ren-

dait les droits au trône clairs, incontestables, parfaits; et ravit de joie en même temps les nations, dont il concentrait en un seul être les tendres et respectueux hommages. On se hâta de les confondre, de les identifier l'un dans l'autre; le sacre des rois fut établi; et voilà par quel facile enchaînement de causes et d'effets pris uniquement dans l'ordre des choses naturelles, cette pompeuse et ancienne cérémonie obtint l'unanime assentiment des souverains et de leurs peuples.

Cependant ces spéculations, qui suffirent à la philosophie en enfance, ne suffisent pas à la philosophie à son dernier point de perfection, au christianisme. Mais avant d'y puiser les faits et les démonstrations qui en découlent pour se rattacher à la théorie et à la pratique du sacre royal, il est juste d'en ouïr les adversaires.

A leur tête est le citoyen Chasse-Bœuf dit Volney. Dans un pamplet intitulé : *Samuel inventeur du sacre des rois*, il représente le prophète du Seigneur comme un Cartouche politique qui n'agit que dans l'intérêt de son orgueil, et le sacerdoce hébreu comme un ramas de truands qui n'ont de souci que celui de leur *marmite*. C'est là sa belle expression. Evidemment doué du prophétique esprit qu'il dénie à Samüel, il examine ses actes, analyse ses paroles, devine ses pensées, et en compose un tableau piquant de naïveté, c'est lui qui le prétend, et auquel il ne manque, en effet pour cela, qu'une chose, la vérité. Il explique en douze chapitres de

commentaires, qui ne valent pas ceux du grand César, les dits et les gestes du Souverain-Pontife, dont il peint les tours de passe-passe de la couleur des fourberies du domestique Scapin; et après le douzième chant de sa bouffonne épopée, arrive enfin le dernier, dont voici le noble titre :

Origine de l'onction à l'huile ou à la graisse.

D'abord une question. De quelle graisse veut-on ici parler? naturellement de celle du porc; mais par malheur, le porc était en abomination égale aux Egyptiens et aux Juifs, qui pratiquaient seuls l'onction de leurs rois. Les abjectes habitudes de cette immonde brute dont le nom est un outrage à l'homme, en firent chez ces deux peuples le symbole du diable, de Satan, de Typhon, du génie infernal. Ils lui assignaient pour station le pôle Hyperboréen. C'est lui dont la maligne et glaciale influence tue en hiver le soleil, sous le nom d'Adonis; c'est lui qui sur le Mont-Parnasse blessa le sage Ulysse, variante de la sage Minerve, mythe payen du Saint-Esprit : d'où il résulte évidemment que de tout ce qui est au monde, sans aucune exception, rien n'était, dans l'opinion de cette époque, plus que la graisse du porc, contraire aux dons de Minerve ou du Saint-Esprit, que confère la liqueur de l'olivier. Fera-t-on, dans la plus belle, la plus splendide, la plus auguste des cérémonies, graisser la tête royale qui en est l'objet du suif in-

fect et dégoûtant du bœuf, du mouton, du bouc? impossible! Volney lui-même ne l'eût point osé. En désespoir de cause, se retranchera-t-on à la graisse inodore de l'ours? Autre sottise : l'ours n'était pas moins en horreur que le porc, puisqu'ils figurent ensemble au pôle maudit, qui est encore aujourd'hui le pôle *arctique*, ou de l'ours.

La suite du chapitre répond parfaitement à son début; mais il faut le voir pour s'en convaincre. Nous le rapportons dans toute sa longueur, sans en rien retrancher, afin de prévenir jusqu'au moindre soupçon de toute espèce de mutilation frauduleuse.

« Comment un acte aussi insignifiant en lui-
« même, aussi trivial que celui de verser sur la
« tête, de frotter sur le front un peu d'huile ou
« de graisse, a-t-il eu l'effet prodigieux non seule-
« ment de persuader à un simple pâtre qu'il était
« sérieusement appelé à être roi; mais encore
« d'étendre cette persuasion à l'immense majo-
« rité d'une nation, et jusqu'à Saül lui-même et à
« son fils Jonathas qui en font la déclaration for-
« melle? il faut convenir qu'au prenier aspect un
« tel fait semble singulier; mais quand on l'exa-
« mine dans ses accessoires et ses antécédents, il
« redevient naturel et simple comme tous les au-
« tres de cette histoire, parce qu'il se trouve être
« l'effet d'une opinion on d'un préjugé qui, depuis
« long-tems, avait préparé les esprits.

« Il est bien vrai qu'avant cette époque aucun

« chef laïque ou militaire n'avait reçu la cérémo-
« nie de l'onction et du frottement d'huile ; mais
« le rite n'en existait pas moins, dès long-tems,
« public, solennel, entouré des circonstances les
« plus capables d'imposer respect, puisqu'il était
« le rite d'inauguration du grand prêtre de Dieu,
« l'acte qui avait consacré le premier grand-prê-
« tre Aaron par la main de Moïse : c'est ce que
« nous apprend l'Exode avec des détails dignes
« d'attention. Ecoutons le texte : Dieu dit à Moïse:
« voici ce que vous ferez pour consacrer Aaron et
« ses enfants aux fonctions de prêtre : prenez un
« veau et deux béliers sans tache, du pain non
« levé, des galettes non fermentées, mouillées
« d'huile, faites de farine et de froment ; posez-les
« sur une corbeille ; présentez-les avec le veau et
« les deux béliers ; faites approcher Aaron et ses
« enfants à la porte de la tente où est l'arche ; la-
« vez-les avec de l'eau, prenez les vêtements
« (appropriés) et vêtissez Aaron d'une tunique,
« d'une robe longue (la chape), posez sur leur tête
« la tiare (ou mitre) et appliquez le diadème de
« sainteté sur la mitre ; et vous prendrez l'huile
« d'onction, vous la verserez sur la tête d'Aaron,
» et vous l'en frotterez : vous ferez approcher
« aussi ses deux fils, et les vêtirez (sans les oindre
« d'huile) et ils seront consacrés à être mes prêtres
« pour toujours.

« On voit ici tout l'éclat et l'appareil de la céré-
« monie de l'onction faite en face de l'arche du

« Dieu Jehowh , en présence du peuple d'Israël,
« et l'on conçoit comment il fut facile d'en faire
« passer le respect religieux sur la tête d'un roi. Si
« c'eût été une nouveauté de l'invention de Samuel,
« certainement il n'eut point eu le crédit de lui
« inoculer ce caractère; il y a plus, si de la part
« de Moïse même elle eût été une nouveauté , une
« chose inventée par lui, on peut assurer qu'elle
« n'eût point produit l'effet qu'il désirait; mais
« Moïse, élève des prêtres égyptiens, et qui em-
« prunta d'eux sinon toutes, du moins la plupart
« de ses idées, et de ses cérémonies, Moïse leur
« emprunta également celle-ci qui chez eux dut
« tenir d'une haute antiquité son caractère saint
« et mystérieux.

« Néanmoins puisque dans cette antiquité quel-
« conque elle eut, comme toutes choses, un com-
« mencement, un premier motif d'origine, quel a
« pu être ce motif, quelle idée a conduit son premier
« ou ses premiers inventeurs à imaginer cette sin-
« gulière pratique ? Ce motif a dû être un besoin,
« une chose utile à la société qui le pratiqua. Or,
« je trouve ce besoin, cette chose utile, dans la na-
« ture des choses de ce tems-là, dans les mœurs
« des nations encore demi-sauvages commençant
« d'entrer en société régulière. Je me figure une
« peuplade d'Egyptiens de la haute égypte, nus ou
« presque nus à raison du climat, voulant impri-
« mer à un ou à plusieurs d'entre eux un signe
« particulier de commandement, de fonctions

« quelconques : comment établiront-ils ce signe ?
« Sera-ce une écharpe, un bonnet d'étoffe ou de
« plumes, un petit baton-sceptre, un bandeau
« sur le front? Tous ces objets mobiles, fragiles,
« peuvent s'arracher par la violence du premier
« venu ; l'homme n'est plus rien ; ils auront re-
« marqué que certains liquides, tels que la graisse
« et l'huile, s'attachaient, se fixaient à la peau
« d'une manière tenace, difficile à effacer ; l'eau
« n'y pouvait rien ; la poussière rendait la marque
« plus visible ; ils auront trouvé cette marque pro-
« pre à leur but ; l'effet de la poussière commune
« leur aura donné l'idée d'appliquer des poussières
« de couleur ; ils ont eu à leur disposition le rouge
« du corail, du minium, du cinabre, le jaune
« des ocres, le vert du cuivre, le bleu de certains
« coquillages et végétaux ; la marque colorée qui en
« est resultée sera devenue chez ces premiers peu-
« ples un signe d'utilité et de beauté, que nous re-
« trouvons ensuite, à toutes les époques et dans
« tous les pays, chez la plupart des peuples même
« policés.

« Ce genre de signe est frappant chez les indiens,
« où il porte un caractère religieux, puisque les
« adorateurs des trois dieux se distinguent l'un
« de l'autre par les couleurs et la forme de ces
« marques sur le front. Il se trouve dans toutes
« les îles de l'océan indien et pacifique ; nous le
« voyons chez nos sauvages d'Amérique comme
« chez leurs frères les Tartares d'Asie, et comme

« chez la plupart des noirs d'Afrique. Pour le ren-
« dre plus fixe, l'art perfectionné s'est avisé de faire
« pénétrer la couleur dans le tissu de la peau, en
« la piquant avec de fines pointes d'arêtes de pois-
« son ou d'aiguilles de métal, ce qui a constitué l'art
« de tatouer, que les relations de nos voyageurs
« modernes ont rendu si célèbre. Ainsi dans son
« origine et dans son but, la cérémonie d'onction
« sacerdotale et royale, à laquelle les peuples et
« les cultes judaïsants attachent une si haute et si
« mystérieuse importance, n'a été et n'est tout
« simplement que le tatouage ou le tatouement
« d'un individu, afin de le rendre ineffaçablement
« reconnaissable (1). »

Quel est, dans cet ennuyeux amalgame de faits
véritables et faux, la chose surtout qui choque les
yeux et révolte l'esprit de celui qui se souvient que
le titre du livre est : *Histoire de Samuel*, INVENTEUR
du sacre des rois? ce sont assurément ces paroles :
*si c'eut été une nouveauté de l'*INVENTION *de Samuel,
certainement il n'eut point eu le crédit de lui inoculer
ce caractère.* C'est là, par exemple, ce que l'on
nomme en France, comme partout ailleurs, une
contradiction très directe dans le sens, très directe
dans les termes, et qui anéantit sur le champ toute
espèce de confiance en l'auteur qui ment ainsi contre lui-même. Mais, avec de pareils logiciens, faut-
il y regarder de si près?

____

(1) Volney, *Histoire de Samuel*, ch. 13.

Voilà donc Moïse et Samuel reconnus et proclamés par Volney hors d'état de donner le moindre crédit à l'imposture de l'onction à l'huile ou à la graisse. A la bonne heure! nous ne cherchons pas mieux. Mais maintenant il nous reste à savoir quel fut cet être supérieur en prérogatives à Samuel, à Moïse : est-ce un Micromégas, un génie, un ange, un Dieu!.... Oh! que nous avons peu d'esprit ou de pénétration philosophique! c'est un ignare et rebutant sauvage, qui s'en va rodant tout nu par la campagne comme Roland le furieux. Demandez au républicain Chasse-Bœuf.

Sérieusement, peut-on, sans rougir de soi, tenir le moindre compte de ces indignes outrages adressés au sens commun qui les repousse avec le dédaigneux sentiment qu'ils provoquent? soit à raison, soit à tort, si l'on veut; Moïse et Samuel étaient censés les confidents intimes et les interprètes fidèles du Dieu avec lequel ils se vantaient d'entretenir un commerce surnaturel; ils étaient crus sur leur foi et aveuglement obéis dans les deux révolutions hébraïques, dont ils furent les chefs ou plutôt les ministres divins; et nous portons à tous les Volney de l'univers le défi formel de citer dans l'histoire, ancienne ou moderne, que dis-je? d'imaginer dans leur tête, deux sots ou deux savants dans des circonstances si parfaitement favorables à l'adoption, sans contrôle et sans murmure, de leurs audacieux mensonges.

Et ce qu'ils n'eussent pas fait, ce qu'ils n'eussent

pas eu le front de tenter, non-seulement un inepte barbare d'Afrique l'a tenté, mais encore l'a fait? eh! quel était-il? un inspiré de Dieu? ce serait manifestement contradictoire, et au dernier point, ridicule, puisque dans l'hypothèse, Moïse et Samuel auraient pu l'être comme lui, et que d'après Volney, Dieu ne les inspirait pas; il n'était qu'un ignorant individu dans les conditions subalternes de la vie ordinaire à ses grossiers compatriotes. et par conséquent, les obstacles et les impossibilités qu'on oppose au pouvoir suprême, théocratique de Samuel et de Moïse, sur un peuple civilisé, s'élèvent et se renforcent en proportion de l'abaissement religieux, et de la faiblesse politique de l'inconcevable inventeur du sacre, dont le législateur Moïse et le pontife Samuel, exploitent plus tard en faveur d'Aaron et de Saül, le chef-d'œuvre jusqu'à-lors inoui....

Toutefois montrons-nous de rechef indulgents, et acceptons comme rationnel l'absurde effet sans cause qui consacrait les monarques, c'est-à-dire, l'adhésion, comme article de foi religieuse et de droit public à l'acte sacerdotal qui les déifiait ici-bas; les difficultés du système en sont-elles moindres? au contraire, elles croissent toujours. Où gravera-t-on la cocarde royale? est-ce au bras, est-ce au sein du candidat à l'empire? mais c'est le supposer à peu près sans habits, et les rois d'Israël et d'Egypte n'allaient point sans habits. Passons encore ce fait : serait-il enfin un infaillible garant de stabilité pour le trône? rien moins; car il l'attaque et le renverse dans sa base. En Orient, où l'hérédité du diadême ne se règle point comme chez nous, par rang de primogéniture, que feront les peuples si quelque prétendant rebelle se présente à la tête d'un parti avec la marque du souverain pouvoir qu'il ambitionne et qu'il affecte? Volney a eu le soin de nous prévenir que l'homme n'est rien, et dans la supposition, le signe qui est tout se trouve double, pareil, homogène. De ces deux talismants rivaux, lequel demeurera le véritable? nécessairement celui du plus fort. Eh bien! autant valait ne pas mettre en relief, et ne pas même découvrir l'impuissant et inutile tatouage des rois à l'huile, au beurre, ou à la graisse.

Il est donc manifeste que dans son génie et son institution le sacre des rois n'est rien de tout ce qu'il est dans Volney. Ce calomnieux historien de Samuel lui-même ne semble pas prendre au sérieux le conte extravagant qu'il débite : *je me figure*, remarquez de grâce cette dubitative.

« Je me figure, dit-il, une peuplade d'Egyptiens
« de la haute Egypte, nus ou presque nus à raison
« du climat, voulant imprimer à un ou à plusieurs
« d'entre eux un signe particulier de commande-
« ment, de fonctions quelconques : comment éta-
« bliront-ils ce signe? sera-ce une écharpe, un
« bonnet d'étoffe ou de plumes, un petit bâton-
« sceptre, un bandeau sur le front? tous ces ob-
« jets mobiles, fragiles, peuvent s'arracher par la

« violence du premier venu, l'homme n'est plus
« rien. »

Une hypothèse, et quelle singulière hypothèse
pour rendre raison d'un fait positif, l'onction des
rois! c'est puissamment déraisonner. D'ailleurs,
cette hypothèse fût-elle solide autant qu'elle l'est
peu, détruirait-elle le tatouage *dans toutes les îles
de l'Océan indien et pacifique? chez nos sauvages
d'Amérique? chez leurs frères, les Tartares d'Asie,
et chez la plupart des noirs de l'Afrique?* non, sans
doute; et pour lors, que Volney ou tout autre en
sa place nous apprenne de quoi servait au roi cette
coutume, si elle n'était pas, et ne pouvait pas être
un privilége royal, et par conséquent, à lui seul?
En bonne foi, est-ce que l'usurpateur *d'une écharpe,
d'un bonnet d'étoffe ou de plumes, d'un petit bâton-
sceptre, d'un bandeau sur le front*, ne pouvait pas
avec une toute autre aisance devenir l'usurpateur
du tatouage qui lui donnait un royaume? cette ré-
flexion tombe si à propos et frappe si juste, qu'elle
n'a pu ne se point présenter à Volney : elle ne l'a
pas néanmoins, comme elle eût dû le faire, arrêté
tout net; d'où nous avons conclu qu'il n'attache ni
valeur ni portée à son roman, dont le moindre défaut est de n'avoir ni intérêt ni bon sens. Au de-
meurant, de deux choses l'une : ou Volney croit
vrai ce qu'il rêve, et dans ce cas quels tristes noms
mérite-t-il? ou il le croit faux, et dans ce cas, quels
noms plus tristes encore ne mérite-t-il point?

Que si l'on nous interroge à notre tour, comme

on est en plein pouvoir de le faire, sur la véritable origine du sacre des rois, nous répondrons comme nous y sommes obligés, que nous l'avons déjà démontrée en commençant. Le rapprochement de l'olivier qui est le roi des arbres de celui qui est le roi des hommes, n'est pas moins naturel et commun à tous les temps et à tous les lieux, sans exception, que la comparaison de la beauté féminine qui est reine du monde, à la beauté de la rose qui est reine des fleurs. A la beauté, une branche ou un sceptre de rose ; à la royauté, une branche ou un sceptre d'olive ; à la beauté, une couronne de rose ; à la royauté, une couronne d'olive ; à la beauté l'essence de la rose ; à la royauté, l'essence de l'olive. C'est simple, c'est ordinaire, c'est trivial même ; l'esprit le plus obtus et le plus dur voit avec la plus pure et la plus parfaite évidence qu'il ne faut pour cela ni mensonge humain ni révélation divine. Ce n'est pas uniquement du génie hébraïque ou égyptien, c'est du génie universel ; et ainsi que le doux parfum de la rose profane est un stimulant aux molles voluptés du corps, ainsi le doux parfum de l'huile sainte est un stimulant aux mâles voluptés de l'âme : et, si nous voulons parler en payens, le don de la sage Minerve ne le cède point en influence sur les faibles mortels, au don de l'impudique Vénus.

Quant à ceux qui nous demanderont comment la liqueur de l'olivier peut agir sur l'intelligence, nous leur demanderons par droit de réciprocité comment la liqueur du cep peut agir sur l'intelligence? L'un de ces deux phénomènes serait-il douteux uniquement parce que l'autre ne l'est pas? Les Romains n'ignoraient point que la bouteille du voluptueux Horace, qui s'intitule, en riant, un pourceau d'épicure, contenait réellement pour lui les grâces et les amours de la terre ; et nous, Français, nous n'ignorons point que la bouteille du bienheureux Rémi, qui fut un disciple de Jésus-Christ, contient réellement pour les rois les grâces et les amours du ciel. L'ivresse qui suscite les querelles s'arme d'une lance où flottent épars les festons de la vigne ; et, par opposition, la sagesse qui calme les querelles s'arme d'un caducée, où se roule en contours réguliers une branche d'olivier. Et enfin, si, même de nos jours, le culte du pampre est très évidemment le culte de la folie, pourquoi, même de nos jours, le culte de l'olivier ne serait-il pas très évidemment le culte de la raison? Eh! quelle est la raison de l'État si ce n'est le roi qui le régit comme l'âme régit le corps, comme l'être suprême régit la nature! Par conséquent, le sacre des rois uniquement envisagé comme mythe ou symbole, n'a rien en soi qui puisse paraître absurde ou ridicule.

Soit, donc, qu'on le veuille ou qu'on ne le veuille pas, l'antique philosophie a su, quoique livrée à ses seules forces, s'élever jusqu'au principe fondamental de la société, qui est l'onction des monarques. C'est là son plus beau titre à l'estime et au respect des peuples ; mais si vous joignez à ces spéculations le souvenir du brin d'olivier que la céleste colombe apporte à l'humanité reprise en grâce par son Dieu, en quelles sublimes régions ne se sent-elle pas en un clin d'œil enlevée? Le bandeau de la foi tout à coup se déchire, et le monde invisible apparaît à la raison dans toute sa réalité. Désormais, il est vrai pour elle, le pacte des cieux avec la terre; désormais il est vrai, puisque l'olivier en est le gage; entre eux plus de distance, plus d'intervalle; l'amour de Dieu les a comblés, lui cet amour qui dans le temps unit le *verbe physique* au père qui l'engendre, comme il unit dans l'éternité le *verbe moral* au père qui l'engendre.

Cependant, afin de complaire plus qu'ils ne le méritent, et au-delà de leur espérance, à nos hommes positifs qui en usurpent si injustement et le nom et la gloire, que l'onction des rois soit encore pour nous comme elle l'est pour eux, l'une de ces énormes sottises qui ravalent notre espèce dans la personne de ses princes, jusqu'à la rendre vile et méprisable à ses propres yeux; mais il faut nécessairement, dans ce cas, qu'elle mette en contradiction flagrante et manifeste et ses promoteurs et ses dupes. La contradiction, tout le monde le sait, fut sans cesse l'indélébile étiquette du mensonge, et Volney nous en fournit la preuve sans réplique. Eh bien! examinons en dignes enfants de ce fameux siècle de lumières, c'est-à-dire en sceptiques indifférents, ou en voltairiens persifleurs, les démentis que les hommes et les livres de la religion de Moïse et de Jésus vont réciproquement se donner à l'occasion de ce singulier phénomène, et sachons définitivement quels combattants couronnera la victoire, et qui, sur le champ de bataille, auront l'honneur de lui consacrer un trophée.

Les inventeurs du sacre furent les habitants de la Haute-Egypte. Favorisés d'un beau ciel et d'une terre aussi belle, ils contemplèrent avec surprise et amour le spectacle de l'univers, et conclurent que cet étonnant ouvrage était celui d'un ouvrier qui ne l'était pas moins. Tout leur parut soumis à un plan, à une idée, à un verbe conçus dans l'intelligence de celui qui les avait réalisés sur la matière, en lui faisant part de ses propres qualités d'ordre, de proportion, de vie; et ils dirent : le dispensateur de l'existence la donne-t-il à des conditions qui lui conviennent? oui. La donne-t-il à des conditions qui ne lui conviennent pas? non. Donc, toutes choses existantes sont telles, quelles puissent être capables des attributs qu'il croit à propos de leur communiquer.

Ensuite, jugeant qu'il avait fait de l'homme un mélange de corps et d'âme, ils virent qu'il s'était par cela même imposé la loi paternelle de subvenir aux besoins de ce corps, de cette âme, et d'établir entre ses dons corporels et incorporels, des rapports absolument identiques à ceux qu'il avait mis entre la matière humaine et l'esprit humain. En conséquence, l'eau, le vin, le froment, le sel, l'huile, les parfums, le feu, en un mot, tous les objets consacrés dans les temples influèrent sur l'être intérieur, comme ils influaient sur l'être extérieur; car la religion qui les adopte, n'est que le culte commémoratif et reconnaissant des agents et des produits de la nature.

Or, de ces produits le plus universel dans ses usages est sans contestations l'olivier; il est au reste des végétaux ce qu'est le prince au reste des mortels, et de là leur réunion instinctive et innée. Et comme il est hors de doute que le blé et le vin sont le fondement de la vie animale et brute, il l'est également que l'olivier est celui de la vie intelligente et industrielle. En effet, il n'y a aucun art qui n'ait quelque affinité plus ou moins directe avec ce présent de Minerve; et voilà d'où vient que cette déesse prend le titre de protectrice de l'industrie et des sciences.

Et de toute industrie, et de toute science, quelle est à raison de sa difficulté la plus digne des inspirations très immédiates de Minerve? N'est-ce point celle de rendre les hommes heureux par un sage gouvernement? N'est-ce pas elle qui par l'organe de l'immortel Fénélon se communique aux rois qui savent l'écouter? Et enfin, s'il est ici bas pour eux une substance quelconque à laquelle s'attachent ses divines faveurs, n'est-ce point avant tout autre à la substance du végétal de sa création, ou au moins de son choix?

Mais, objecteront les philosophes, il serait par trop déraisonnable et ridicule d'imaginer et de croire que l'esprit de Dieu, devenu payen sous le nom de Minerve, infuse des vertus si extraordinaires dans la liqueur de l'olive. Et pourquoi déraisonnable et ridicule? Le froment et le vin eucharistiques n'ont-ils pas leurs vertus non moins extraordinaires? Et si Jésus-Christ se cache sous leurs apparences, le Saint-Esprit ne saurait-il se cacher ou plutôt se faire voir sous les apparences de l'huile? N'est-il pas, au contraire, absolument indispensable dans notre double nature que les grâces qui nous viennent du ciel soient comme notre âme qui vient aussi du ciel, circonscrites comme elle l'est elle-même sous des enveloppes matérielles? Point de milieu: ou ces trois phénomènes sont vrais, ou ils sont faux tous les trois. Ils sont faux répondra-t-on, soit; mais la preuve? Est-elle dans leur universelle adoption? hélas! hélas! vos vérités philosophiques nous le savons et vous le savez, meurent en naissant de leur belle mort, et ces mensonges religieux ont déjà vécu depuis le commencement et vivront encore jusqu'à la fin, en dépit des siècles destructeurs, en dépit des enfers jaloux, et surtout en dépit de vous, ô Titans de Lilliput soulevés contre le christianisme! Comment donc cela se peut-il faire? Donnez-nous, s'il vous plaît, le mot de cette énigme? Ah! direz-vous piteusement, l'homme est incurable. Eh bien! pourquoi tenter sa guérison? Tout-à-fait indignes de vos nobles et généreuses sollicitudes, nous malheureux christicoles, idolâtres, théophages, et tout ce qu'il vous plaira, nous voulons rendre le dernier soupir dans l'impénitence finale des erreurs qui nous sont chères. Notre croyance en elles est d'autant plus ferme, que nous y trouvons tous les inimitables caractères du vrai; et en voici la démonstration qui, ne reculant devant aucun de vous, va vous faire reculer tous devant elle :

Dieu voulant instituer Aaron roi de ses sacrifices, ordonne à Moïse de l'oindre à ce titre de l'huile sainte, et Moïse obéit.

Environ quatre siècles après, Samuel sacre Saül, roi des juifs, et plus tard, son gendre et son successeur David.

La descendance de ce prince reçoit également l'onction divine jusqu'à extinction complette de race en Jésus, qui fut le Christ ou l'oint du Seigneur par excellence. Est-ce là pendant plus de *mille quatre cents ans* une suite conséquente de vérités ou d'impostures? Hommes positifs du tripot de la bourse, à vous ce calcul de chiffres chronologiques, qui, non plus que vos chiffres financiers, ne sont ni élastiques ni trompeurs.

La religion de Jésus diffère-t-elle en ceci de la religion de Moïse? à Dieu ne plaise; et il suffit d'avoir des yeux pour voir tout le contraire.

Lorsque l'homme naît coupable du crime évident de son infâme conception, ce vil esclave du démon impur devient dans l'eau du baptême le fils libre et glorieux du Dieu trois fois saint, et par ce fait, le frère adoptif de l'oint éternel ou Jésus. Aussi le ministre du Roi des cieux qui lui souffle le Saint-Esprit dans lequel il est conçu l'établit à l'instant dans les droits qu'il acquiert, et le sacre roi de la terre.

Et puis, lorsque faible et en proie aux passions du jeune âge, il les entend gronder fougueuses et turbulentes dans son sang bouleversé comme les flots bouillonnants et furieux du cahos primitif, l'Esprit de vérité toujours conséquent à lui-même, la colombe toujours aimante vole à lui de rechef, et imposant un silence profond au tumultueux cahos de ses juveniles penchants, le confirme dans son empire terrestre en l'élévant par son huile mystique au plus noble des empires, à l'empire de son cœur.

Enfin, lorsque plein de mérites devant les hommes et devant Dieu, le chrétien va s'élancer aux cieux pour y régner à jamais, le divin amour l'absorbe en lui tout entier par une troisième et dernière onction, et couronne son front de la splendeur des saints.

A ces actes évidents, journaliers, innombrables, s'unissent tous ceux de l'onction sacerdotale dans les divers dégrés hiérarchiques qu'elle confère aux prêtres de Jésus; et il n'en saurait être différemment puisque Jésus est l'oint ou le Christ incréé : l'effet est égal à sa cause.

Si l'homme-Dieu fut à l'époque de son baptême oint par le Saint-Esprit en personne, c'est seulement en sa qualité d'homme et non point en sa qualité de Dieu ; comme tel il n'en avait aucun besoin ; ç'aurait été un absurde double emploi. Et en raison retrograde de ce phénomène, les prophètes de l'ancienne loi furent oints comme Jésus par le Saint-Esprit directement, sans intermédiaire ; et en raison successive de ce même phénomène, les apôtres de la nouvelle loi, furent oints comme Jésus par le Saint-Esprit directement, sans intermédiaire : d'où il résulte que le Saint-Esprit, qui est la liberté en principe ou absolue, se donne quand il lui plaît, à qui lui plaît, et comme il lui plaît ; au lieu que ses ministres, et Moïse tout le premier, ne le donnent qu'avec l'onction de son huile, parce que c'est ainsi qu'il lui plaît.

On le voit donc sans le moindre effort, toute existence matérielle, religieuse et politique, s'appuie et repose uniquement sur la vertu du céleste amour. La chaste Minerve, qui en est la noble variante, protégeait Athènes ; l'amoureuse Vénus, qui en est une autre variante, fut la mère de Rome ; la fondatrice de l'empire Assyrien, Sémiramis, fut adorée en l'oiseau de l'amour ; le grand Cyrus, premier roi des rois de la Perse, fut encore l'oint de cet amour ; et enfin, le Sicambre Clovis fut baptisé dans l'ineffable amour qui promet à nos rois très chrétiens, aux fils aînés de son église, un empire permanent comme lui-même.

DEUXIÈME PARTIE.

Ainsi, le sacre des rois a pour lui l'assentiment simultané de l'histoire, du culte, de la raison, de la fable, des siècles et des hommes. Éternel comme celui qui le réalise sans cesse aux cieux sur son Christ éternel, il a été, est, et sera, par conséquent, et partout, et toujours sur la terre, utile, urgent, indispensable. L'église de Jésus, de l'oint du Seigneur, instruit les peuples par ses actes, dans l'onction de ses princes; et la France chrétienne se fit longtemps un devoir de l'imiter dans l'onction de ses monarques chrétiens. Le cynique bel-esprit voltairien ne lui en avait pas fait encore en ce temps comme de nos jours, monter le rouge au visage; elle n'avait pas analysé ses croyances religieuses au creuset du philosophisme pour n'en extraire que des vapeurs de mort et des cendres; en un mot, elle avait la foi ou plutôt la raison.

C'était pour elle un spectacle magnifique, surnaturel, de voir son souverain entrer en communication directe avec le Très-haut; et lui promettre à

ses autels de le prendre pour modèle et pour guide
dans le gouvernement des peuples. Une voix inté-
rieure et fidèle lui assurait que ce n'était point une
pompe mondaine faite uniquement pour les yeux ;
car elle frémissait en silence au fatal moment où
le monarque objet de tant de vœux et de tant de
respects, dévouait lui-même sa tête auguste et sacrée à la peine des parjures s'il les imitait dans leur
crime. Elle croyait voir sur son front la couronne
resplendir des rayons d'une gloire céleste. Son
cœur royal devenait le sanctuaire de la sagesse, et
sa bouche infaillible l'oracle de la justice : il se
transfigurait presque en dieu sur la terre.

Mais depuis qu'éteinte et glacée au souffle des
philosophes la prodigue imagination de la France
religieuse a perdu tous ses prestiges consolateurs
et riants, depuis qu'elle n'envisage dans son souverain qu'un homme comme un autre, quel fruit
recueille-t-elle, pour ne parler que du présent, de
l'oublieuse irrévérénce du principe même de son
ordre social ? Le voilà :

« Honte et misère de toutes parts !

« En présence d'un tel spectacle, en présence
« des symptômes de désorganisation ou de rabou-
« grissement qui se montrent à la tête surtout de
« cette société sans croyances, sans mœurs publi-
« ques, sans conviction d'aucun genre, quand le
« mot de patriotisme est presque honni, quand la
« vanité des positions ou de la richesse a pris la
« place de tous les sentiments de devoûment et

« d'honneur ; quand il ne reste plus au peuple, qui
« ne peut, lui, se renfermer dans les jouissances
« matérielles de l'égoïsme, et qui souvent manque
« de pain, quand il ne lui reste pas même à aimer
« et à défendre la gloire nationale, ce patrimoine
« de tous, ce trésor inestimable de ceux qui ne pos-
« sèdent rien, comment ne pas reconnaître l'appro-
« che d'un grand danger ?

« On a signalé presque sans espoir certains
« moyens de réagir contre les funestes tendances
« qui se développent de jour en jour et dont les
« effets désastreux se font déja cruellement sentir ;
« mais nous craignons bien que ces remèdes, qui
« suffiraient à peine à arrêter le mal s'ils étaient
« appliqués d'une main ferme, ne soient pas même
« essayés. La peur, la corruption, le désir des pla-
« ces et du gain envahiront les ames comme par le
« passé, et continueront leurs ravages jusqu'au jour
« où ce régime rongé au cœur tombera tout entier,
« à moins pourtant que le péril croissant n'éveille
« enfin les esprits et fasse céder les passions de
« tous à la nécessité du salut commun.

« Qu'on regarde à l'intérieur ou qu'on se tourne
« vers le dehors voilà le fond de la situation. Qu'im-
« portent maintenant les incidents, les détails qui
« viennent confirmer ces tristes prévisions ? La
« question est de savoir si les majorités s'abandon-
« neront au hasard, et si aucun effort ne sera ten-
« té pour sortir de ce cahos (1). »

(1) *Le Siécle*, jeudi 20 janvier 1842.

Vous l'entendez de l'organe politique le plus répandu, le plus accredité de l'époque actuelle, nous sommes dans le cahos, c'est-à-dire dans le désordre au dernier terme possible, au dernier terme imaginable. Il a parfaitement raison et c'est justice : nous abandonnons le saint-Esprit, il nous abandonne; il exerce sur nous notre propre jugement. De quoi nous plaindre ? Voyez si l'église romaine qui reconnaît sa puissante protection, est réduite à ces lamentations, encore plus honteuses que désespérantes ? Au contraire, elle est plus florissante que jamais. Le rapide torrent des âges qui entraîne confondus les débris des populations, des villes, des empires, et avec eux je ne sais combien de chartes françaises, en attendant celle de 1830, ne saurait l'atteindre; car il meurt précisément à ses pieds (2). Et d'où lui vient ce singulier privilége si ce n'est de l'esprit vivifiant qui l'anime ? La constitution de cet état qui, à la longue, finira nécessairement par absorber tous les autres, n'est pas, ce me semble, dans nos jours révolutionnaires indigne des études

(2) Déclaration des droits de l'homme. . . . 3 septembre 1791.
   Constitution française . . . . 14 septembre 1791.
   Acte constitutionnel. . . . . 24 juin 1793.
   Constitution de la république française, 22 août 1795.
   Constitution de la république française, 13 décembre 1799.
   Sénatus-consulte organique. . . . . . . 18 mai 1804.
   Charte constitutionnelle. . . . . 4 juin 1814.
   Acte additionnel. . . . . 22 avril 1815.
   Charte constitutionnelle. . . . . 9 août 1830.

Risum teneatis.

de nos plus hardis utopistes. Qui en a posé l'immobile fondement ? Si c'est un mortel inclinez vous donc très profondément devant lui; si c'est un dieu tombez donc à genoux et cachez votre front dans la poudre.

j'ai ri parfois sans le vouloir à la lecture de certains journaux qui, à bon droit effrayés de l'état alarmant du pays, adressent un appel à toutes les lumières, à tous les systèmes, à toutes les imaginations, pour le sauver du gouffre sans fond où il se précipite, et qui implorent enfin pour lui quelque révélation nouvelle. Et qu'en sauraient-ils faire en la supposant possible? Si elle ressemble à celle de Jésus elle est inutile, si elle ne lui ressemble pas, elle est absurde.

La sagesse de Dieu n'exécute pas, comme celle de l'homme, le bien à plusieurs reprises; elle l'enfante du premier jet; et l'expérience, qui est la logique des sots qui n'en ont aucune, a depuis un demi-siècle, porté chez les Français qui ne sont pas des sots, au-delà de l'évidence elle-même, les tristes effets de sa colère dans le dédain de ses lois. Pour nous sauver à tout prix, faut-il que Dieu finisse de nous perdre?

Les antiques législations prirent toutes la divinité pour premier point de départ, et leurs auteurs s'en prétendirent tous les interprètes. Numa-Pompilius, pour retirer de la barbarie et conduire à la civilisation les farouches soldats de Romulus, met en jeu les ressorts et les leviers de la religion. Avant lui les cruels enfants de Mars ne reconnaissaient d'autre loi que la loi brutale de leur père, la force. les combats étaient leur travail, la victoire leur droit, le pillage leur patrimoine. Ils moissonnaient avec l'épée aux champs de leurs voisins; ils allèrent enfin jusqu'à voler des femmes!

Comment donc se transformèrent-ils tout-à-coup en hommes nouveaux? c'est que Numa-Pompilius ayant fait parler leurs dieux, avait promis à leurs vertus civiques la domination universelle.

Le mède Zoroastre établit, à l'instar de Numa, le culte du feu éternel, et donne son *Zend-Avesta* comme un présent des cieux : il exalte la tête des orientaux par des initiations aux mystères de la grotte symbolique, par des veilles nocturnes, par des apparitions surnaturelles, par des oracles; en somme, par tout ce qui peut soumettre et façonner les mortels au joug de la religion. Aussi l'empire de ses disciples se posa fièrement en face de l'empire romain, dont il égalait l'étendue, et lui fit baisser ses yeux humiliés de la défaite de Crassus.

En Crète, le célèbre Minos proclame, au nom de Jupiter, le code de ses règlements, et il en fut estimé le fils, tant il avait profondément percé dans le secret des dieux. Par lui, son île devint un puissant état, encore moins heureux de sa fabuleuse fortune que de la solide gloire d'avoir éclairé le spartiate Lycurgue.

Lycurgue à son tour s'environne des prestiges

divins. La Pythonisse de Delphes, lit dans l'avenir ses lois qui ne sont pas encore, écrase l'envie à ses pieds, et par de lyriques accents prélude aux futures acclamations de l'univers entier.

Zaleucus le locrien déduit ses saintes lois de celles qui régissent la nature, et les appuye aussi de la céleste autorité.

Chez les Sybarites, Charondas, disciple de Pythagore, reproduit dans les siennes la religieuse doctrine de son maître et les scelle de son propre sang.

Citerons-nous Vulcain en Egypte, Orphée en Thrace, Confutzée en Chine, Odin chez les Scandinaves, Manco-Capac en Amérique, Mahomet en Arabie? Partout la vérité et la fiction s'accordent à faire descendre du ciel sur la terre les principes sociaux qu'ils proclament.

Cette unanimité des peuples à rattacher aux puissances supérieures l'origine de leurs lois, est donc le cri naturel et spontané de la race humaine dans telles conditions qu'elle soit réellement ou qu'on la veuille imaginer. Forts de ce témoignage irrésistible, les législateurs profanes l'exploitèrent en décrétant au nom de la divinité les institutions qu'ils étaient réduits à inventer eux-mêmes à défaut de révolution. Mais les modernes sont, sans comparaison, mieux partagés que les anciens : ils possèdent très certainement la parole divine, et n'ont d'autre peine que la logique déduction de ses conséquences, dans ce qu'elle semble avoir voulu laisser imparfait: ce qui le démontre, c'est qu'ayant d'abord prescrit expressément le sacre des rois dans la bible des Juifs, elle ne l'a pas ensuite prescrit expressément dans l'évangile des chrétiens. Mais pour quiconque n'a pas éteint en lui jusqu'à la dernière lueur du bon sens, il est plus clair que le jour que l'onction du roi de la chrétienté emporte de force avec elle l'onction des rois de la chrétienté.

Il ne faut donc plus être surpris si, fidèle à cette imposante coutume, garant de sa stabilité, la France a parcouru, sinon tranquille et heureuse, mais du moins sans de trop fréquentes et de trop fatales secousses, une longue suite de siècles; et par contre, il ne faut plus être surpris si, l'ayant honnie et enfin abandonnée, elle ne trouve point, après cinq ou six révolutions coup sur coup, et dans tous les sens, la quiétude qu'elle cherche partout et qu'elle ne trouve plus nulle part : elle est sur le lit de Procuste, il la tiraille ou la mutile.

En effet, où est aujourd'hui son repos ? Chez ses alliés ? ils l'insultent à l'envi.... chez ses enfants ? ils la déchirent à qui mieux mieux. Il n'est qu'une puissance au-dessus des rivalités qui soit en état de faire tout plier sous elle en fermant la bouche à toute mauvaise volonté. Or, cette puissance n'est point sur la terre abandonnée aux jalouses et haineuses réactions de l'antagonisme, elle n'est qu'aux cieux, où réside et règne l'éternel amour ; et, par conséquent, c'est aux cieux qu'il faut l'aller chercher.

Cette théorie est simple, et ce fut elle qui, par la voix de la nature, amena les Egyptiens au sacre de leurs rois ; elle est simple, répétons-nous, et c'est elle qui, par la voix de Dieu, amena les Israélites au sacre de leurs rois. Bizarrerie étrange ! nous nous faisons un titre de gloire d'admirer dans la ville d'Isis ou Paris les monuments de l'empire d'Isis, et nous nous faisons un autre titre de gloire de vilipender en le conspuant le plus sage des instituts, l'onction royale. Certes ce n'est point là du français, c'est du welche tout pur.

L'on nous dira peut-être qu'en pratiquant comme nous l'onction de leurs prêtres peu de peuples chrétiens ont pratiqué comme nous l'onction de leurs rois. C'est vrai ; mais qu'importe ? ce n'est point à la France à se régler sur personne, au contraire, c'est à tout le monde à se régler sur la France. Et puis il s'agit uniquement en ceci de savoir si cette cérémonie égyptienne, juive, française, est ou n'est point dans l'ordre des choses naturelles et divines. Si elle n'y est point, plus heureux que Volney, faites voir d'où elle vient ; si elle y est, soumettez-vous à son adoption sans mot dire. Lorsque la nature et la divinité parlent de concert, n'est-ce point à l'homme un devoir de conscience et de raison de leur obéir sans appel ?

Après avoir ébranlé la terre de ses convulsions c'est à la France de la rasseoir sur sa base en se rasseyant sur la science ; et ce n'est pas assurément peu de chose, dans cette époque flottante où tout

est remis en question, que d'avoir une ancre de
salut à laquelle s'amarre le vaisseau de l'Etat à l'a-
bri des tempêtes. On ose décliner l'autorité d'un
homme, d'une association, de tout un peuple, si
l'on veut ; mais comment se soustraire à l'autorité
de Dieu? Elle seule en ses subjuguant laisse sans
blessure et sans plainte jusqu'aux amour-propres
les plus jaloux et les plus délicats. « Par une justice
« expiatrice, la France, qui répandit en Europe
« les ténèbres de l'incrédulité, est appelée à l'éclai-
« rer du flambeau de la foi (1). »

Oui, sans doute ; mais cette expiation demeure-
rait incomplette si elle laissait en dehors le sacre
royal. La foi patriotique et la foi religieuse sont
sœurs : même origine, le feu sacré de l'amour ;
même fin, le bonheur des hommes.

C'est, par conséquent, l'absurde et dédaigneux
rejet de ce principe qui nous fourvoie et nous perd
parmi les démentis, les écarts, les nuances de systèmes, de lois, d'opinions sans mesure et sans
nombre ; il fut le vieux palladium de l'empire français, où, désormais sans frein, toutes sortes d'erreurs s'entrechoquent et se combattent, prêtes à le
bouleverser chaque jour. En effet, dès mil huit
cent trente, qu'avons-nous opéré? des ruines ; car
depuis cette époque, nous sommes obstinés à faire
ce que nous ne ferons jamais, à appuyer notre

(1) Rosselly-de-Lorgues, *le Christ devant le siècle*, chap. 26,
p. 363

édifice constitutionnel sur sa base, sur le peuple, tandis que, tout au rebours, il le faut appuyer sur son sommet, sur le roi.

L'ordre naturel émane de Dieu, l'ordre domestique émane du père, l'ordre organique émane de l'ame; donc l'ordre social émane du roi. Que le souverain soit ce qu'il doit être, et vous le verrez, autant que le peut l'humaine infirmité, réunir toutes les vertus de dieu politique, de père politique, d'ame politique. Or, le dieu des chrétiens est l'oint du Saint-Esprit, le père des chrétiens est l'oint du Saint-Esprit, l'ame des chrétiens est l'ointe du Saint-Esprit; et, par la plus rigoureuse des conclusions, le roi chrétien, qui en rassemble et les droits et les titres, doit comme eux être l'oint du Saint-Esprit (1).

Inutilement l'on exhume les abus du droit divin; je les connais, et moins que tout autre je suis d'humeur à leur vouer une adulatrice et servile prostitution; ils ont duré trop de siècles; mais la souveraineté populaire a si horriblement abusé d'elle-

(1) Le saint-chrême dont on se sert au baptême et à la confirmation, est composé d'huile d'olive et de baume. De ces deux liqueurs mêlées ensemble l'évêque fait le saint-chrême. Il souffle dessus pour marquer que la vertu du Saint-Esprit se joint à ces créatures matérielles; et il fait d'excellentes prières pour demander à Dieu que cette onction fasse participer les nouveaux baptisés à l'onction spirituelle dont Notre-Seigneur a pris le nom de Christ, dont Dieu a oint les prêtres, les rois, les prophètes et les martyrs; que ce soit en ceux qui la reçoivent un sacrement de perfection; qu'ils aient l'honneur des rois, des prêtres, des prophètes, suivant

même, qu'elle a trop duré dans un jour. Si nous n'avons que le choix des malheurs, du moins, préférons sagement le plus doux.

Néanmoins, ne croyez point que les prérogatives populaires et royales soient, comme on le croit, généralement incompatibles entre elles ; au contraire, elles s'attirent et se confondent complétement en Jésus-Christ le prolétaire et le roi. Pensez-vous que le révolutionnaire victime des tyrans de son pays ait scellé de son sang sur la croix de l'esclave, l'esclavage des peuples ? Pensez-vous que le *Sauveur* veuille ainsi mentir à sa gloire ? Et enfin, pensez-vous que le bon pasteur qui s'immole pour son troupeau l'ait livré sans espoir à la rage des loups ventrus qui le dépouillent, le déchirent et l'égorgent ? Non, non, ce serait un crime de le croire. La liberté, la royauté, co-éternelles en Dieu, sont contemporaines en l'homme fait à son image ; il ne s'agit pour lui que de savoir les unir, et, tôt ou tard, il en découvrira nécessairement les moyens.

la promesse mystérieuse de Dieu. Le saint-chrême sert encore à la consécration des évêques, à celle des églises, des autels et des vases sacrés ; mais il est fait principalement pour la confirmation après le baptême. L'onction du saint-chrême marque l'infusion du Saint-Esprit et de la grâce sanctifiante. Or, quoique on ait déjà reçu une onction au baptême l'imposition des mains, et l'onction sur le front qui se fait à la confirmation, est très importante pour nous rendre parfaits chrétiens, et pour nous fortifier contre les ennemis de notre salut.

(Fleury, *Catéchisme historique*, chap. 44).

Quoi qu'il en soit, la société française n'a plus aujourd'hui de principe vital qui la soutienne et qui l'anime ; d'heure en heure, elle penche visiblement vers la dissolution. Sans croyance religieuse, civile, parlementaire, chacun s'isole, se renferme, se rempare dans son égoïsme peureux, cruel, impitoyable ; c'est la guerre à mort de tous contre tous. L'âpre soif de l'argent corrode et casse les nœuds les plus saints ; il n'en est point qui lui résiste ; la probité patriotique fait rire ceux que la perte d'un emploi fait pleurer. Pour eux l'honneur n'est qu'un vieux Gaulois qui, quoi qu'en ait dit le général Foi, de glorieuse mémoire, n'a plus guère d'écho et n'en mérite guère. Il y a empressement, il y a concours, il y a cohue à l'encan où les consciences se proposent et se livrent au rabais. On les cote comme la rente lorsqu'elles ont soutenu l'épreuve du trébuchet politique, et le plus vil titre en fait le meilleur aloi.

C'est cette infâme et hideuse lèpre qui nous ronge ; et nous l'avons dans le sang, dans la chair, dans les os, dans la moëlle, dans l'âme surtout. C'est là qu'est son foyer vorace, insatiable, inextinguible. Ne nous flattons point, sa guérison n'est plus au pouvoir des humains, dont bien peu n'en sont pas infectés. Elle n'appartient désormais qu'à Dieu qui s'est réservé l'empire des esprits et qui peut seul les changer. C'est donc lui qu'il faut appeler à notre aide par un éclatant et prompt retour à ses institutions sociales qui sont d'un autre prix et d'une autre consistance que celles de tous nos présomptueux et insensés bacleurs de chartes si contradictoires, et par conséquent si fragiles (1).

(1) Cependant, au milieu de ces doctrines flottantes, de ces doutes toujours renaissants, de cette incertitude sur nos plus augustes destinées, un fait demeure inaltérable et fixe, le besoin d'une religion. Chacun reconnaît que l'homme ne vit pas seulement de pain, et qu'il y a quelque chose en lui qui dit : tu n'as pas été jeté sur la terre pour y végéter à la manière des plantes ou pour y ramper à la manière des brutes. Le stupide matérialisme du dix-huitième siècle n'est plus de mise : ses doctrines brutales répugnent aujourd'hui à notre philosophie, et elles ne nous apparaissent plus que comme une époque fatale où le hideux athéisme régnait

« Nous convenons qu'il faut des doctrines pour présider à notre
« vie morale, religieuse et politique. Il nous en faut coûte que coûte,
« jusques-là, que si celles que nos pères nous ont léguées sont
« stériles et usées, il nous faut en forger de nouvelles, et cette
« nécessité est comprise, ou pour mieux dire sentie de tous les
« esprits. »   (*Le Globe*, n° 37).

Les âmes ardentes qui avaient laissé échapper ces paroles avaient cru un instant qu'il leur était donné de refaire le passé. Un instant elles crurent que l'antique foi de leurs pères ne leur allait plus, et elles se mirent à l'œuvre. Elles savent maintenant si leur confiance fut aveugle, si leurs espérances sont déçues; elles ont été laborieuses et vives leurs recherches et leurs investigations; ils ont été grands leurs efforts pour amener le siècle à leurs convictions personnelles : ils étaient hier.... que de siècles cependant entre eux et nous.... Ils ont pu comprendre qu'une religion n'est pas chose si facile à faire, et que l'héritage de la foi paternelle se conserve encore avec quelque soin dans le cœur de quelques hommes, et que le peuple ne répudie pas, sur la parole du premier venu, les convictions de sa vie, et que ceux qui sont glacés au souffle de l'indifférence ne se rechauffent pas si vite.

Nous avons tous entendu ce cri d'alarme poussé par un homme qui voit au loin parce qu'il s'est placé haut, ou du moins qui a su choisir une position favorable. En lisant, on sent qu'une vive

Ecoutez !

« Je suis le Seigneur votre Dieu.

« Si vous marchez selon mes préceptes, si vous
« gardez mes commandements, j'établirai la paix
« dans l'étendue de votre pays ; vous dormirez en
« repos, et il n'y aura personne qui vous inquiète,
« et l'épée de vos ennemis ne passera point par
« vos terres. Vous poursuivrez vos ennemis et ils
« tomberont en foule devant vous.

« Cinq d'entre vous en poursuivront cent, et
« cent d'entre vous en poursuivront dix mille : vos
« ennemis tomberont sous l'épée devant vos yeux.

« Je vous regarderai favorablement ; vous vous
« multiplierez de plus en plus, et j'affermirai mon
« alliance avec vous.

« Vous mangerez les fruits de la terre que vous
« aviez en réserve depuis longtemps, et vous re-
« jetterez à la fin les vieux dans la grande abon-
« dance des nouveaux.

« J'établirai ma demeure au milieu de vous, je
« marcherai parmi vous ; je serai votre Dieu, et
« vous serez mon peuple.

« Mais si vous ne m'écoutez point, et que vous
« méprisiez mes ordonnances, voici la manière
« dont j'en userai envers vous : j'arrêterai sur vous
« l'œil de ma colère ; vous tomberez devant vos

---

inquiétude l'a saisi à la vue de son siècle. L'aspect des ruines qu'ils
ont faites en partie effraie ces maîtres ; ils en sont venus à comprendre que, tôt ou tard, si le monde n'est pas condamné, il faudra
quelque chose à la place de ces débris qui les accusent.

« ennemis , et vous serez assujettis à ceux qui vous
« haïssent : vous fuirez sans que personne vous
« poursuive.

« Si après cela même vous ne m'obéissez point,
« je vous châtierai encore sept fois davantage ; je
« briserai la dureté de votre orgueil ; je ferai que
« le ciel sera pour vous comme de fer , et la terre
« comme d'airain.

« Réglez , comme vous l'entendrez , toutes les institutions :
« distribuez comme il vous plaira toutes les jouissances; ni votre
« sagesse ni votre richesse ne combleront l'abîme. La liberté de
« l'homme est plus forte que les institutions de la société ; l'âme
« de l'homme est plus grande que les biens du monde. Il y aura
« toujours en lui plus de désirs que la science sociale n'en peut
« régler ou satisfaire, plus de souffrance qu'elle n'en peut prévenir
« ou guérir, »

« La religion ! la religion ! c'est le cri de l'humanité en tous
« lieux et en tout temps, sauf quelque jours de crise terrible ou
« de décadence honteuse. La religion pour contenir ou combler
« l'ambition humaine ! la religion pour nous apaiser dans nos
« douleurs, celles de notre condition ou de notre âme ! que la po-
« litique , la politique la plus juste, la plus forte ne se flatte pas
« d'accomplir sans religion une telle œuvre. Plus le mouvement
« social sera vif et étendu , moins la politique suffira à diriger
« l'humanité ébranlée ; il y faut une puissance plus haute que celle
« de cette vie , il y faut Dieu et l'éternité. »   (GUIZOT.)

Oui , la religion pour tout cela , pour l'homme qui flotte sans
elle à tout vent de doctrine, errant au hasard dans un monde inconnu, sans passé, sans avenir. La religion pour la société qui,
sans cet appui , doit se dissoudre et présenter l'affreuse image d'un
cahos intellectuel et moral.

Nous le disons dans une conviction profonde , le monde et la
société n'ont plus maintenant à choisir : le catholicisme ou la mort !

« Si après cela vous ne voulez point encore vous
« corriger, et que vous continuiez à marcher con-
« tre moi, je marcherai aussi moi-même contre
« vous, et je vous frapperai sept fois davantage.

« Je ferai venir sur vous l'épée qui vous punira,
« et quand vous serez réfugiés dans les villes,
« j'enverrai la peste au milieu de vous.

« Si même après cela vous ne m'écoutez pas en-
« core, et que vous continuiez à marcher contre
« moi, je m'archerai aussi moi-même contre vous,
« j'opposerai ma fureur à la vôtre, et je vous châ-
« tierai de sept plaies nouvelles.

« Vous tomberez parmi les ruines, et mon âme
« vous aura en telle abomination, que je change-
« rai vos villes en sollitudes.

« Je ravagerai votre pays, je le rendrai l'éton-
« nement de vos ennemis même; je vous disper-
« serai parmi les nations, je tirerai l'épée après
« vous, votre pays sera désert, et vos villes rui-
« nées.

« Quant à ceux d'entre vous, qui resteront, je
« frapperai leurs cœurs d'épouvante; le bruit d'une
« feuille qui vole les fera trembler; ils fuiront
« comme s'ils voyaient une épée, et ils tomberont
« sans que personne les poursuive; ils tomberont
« sur leurs frères comme s'ils fuyaient du combat.

« Ils sécheront au milieu de leurs iniquités, et
« ils seront accablés d'afflictions jusqu'à ce qu'ils
« confessent leurs iniquités et celles de leurs pè-

« res , par lesquelles ils ont violé mes ordonnan-
« ces, et ont marché contre moi (1). »

Voilà en abrégé les promesses et les menaces
divines. Ces dernières se sont toutes , au pied de
la lettre, accomplies au détriment des Juifs , et en
très grande partie au notre. Depuis que nous sommes philosophes, grâce à Voltaire et consorts, notre philosophie ou notre *amour de la sagesse* a
suscité la guerre étrangère , la guerre civile , la dé-
vastation , la famine, la peste , et voire encore la
sainte guillotine plus dévorante qu'elles. Nous avons
payé de notre sang l'honneur de la victoire , et de
notre or et de notre territoire la honte de la défaite. Quels augures pour l'avenir , aujourd'hui
surtout que , dans le profond malaise qui travaille
l'humanité tout entière , nous Français qui mar-
chons à la tète, ne savons plus absolument ni ou
nous sommes ni où nous allons !

Relisez et méditez ces paroles, qui en valent bien
la peine.

« Ils sécheront au milieu de leurs iniquités , et
« ils seront accablés d'afflictions jusqu'à ce qu'ils
« confessent leurs iniquités et celles de leurs pè-
« res , par lesquelles ils ont violé mes ordonnances
« et ont marché contre moi. »

Vous le voyez, les seules conditions de notre
salut, sont l'aveu de nos erreurs , leur réparation ,
et par suite le retour à Dieu ; nous avons beau

(1) Lévitique , chap. 26.

faire, lui qui est la raison, la vérité seule stable, n'en aura pas le démenti; mais c'est nous qui ne sommes que folie et que mensonge. Notre orgueil révolté, non plus que celui des Hébreux, ne cassera point son arrêt, il ne le rendra que plus terrible. S'il veut que nos rois soient marqués de son sceau, deviennent ses christ constitutionnels, pourquoi ne pas le vouloir comme lui? et il le veut très expressément, puisque, indépendamment des rois de Juda sacrés par son ordre formel, son propre Fils, son Fils bien-aimé est l'oint de l'amour divin. D'où découle cette rigoureuse conclusion, qu'en principe, le sacre des rois et des prêtres est coéternel au verbe, le roi et le prêtre éternel.

Et vainement, ô chrétiens indignes et ignares, vous en appelleriez au paganisme des nations infidèles; il vous a condamnés par avance. Une tradition uniforme dans sa diversité, fait chez les plus fameux peuples antiques, honneur ou de leurs lois, ou de leur existence, au même Saint-Esprit, quoique sous des noms et des emblêmes différents.

Que, si vous traitez d'insensés les Egyptiens qui consacraient leurs rois, vous outragez non pas seulement le Saint-Esprit, ce qui serait pour vous peu de chose, mais toute l'histoire ancienne qui, d'accord avec lui, rend gloire à l'extrême sagesse de cet empire, qu'en dépit de ses préventions mille fois encore plus ridicules que vaniteuses, connaît si mal notre sagesse prétendue.

Et Moïse, élève de l'Egypte, sera-t-il, lui aussi,

un niais ou un fripon qui bafoue à la face de Dieu et des hommes, son imbécile frère Aaron, dans la pompeuse mascarade où il le sacre roi des sacrifices?

Et Samuel, qui édifia seul son étonnante fortune, Samuel, qui a tant d'esprit jusques dans la satire où Volney le déchire à belles dents, est-il à son tour un sot ou un jongleur qui distribue à Saül et à David le princier orviétan?

Et après eux, de Jésus, du roi, du prêtre parfait, que vous plaira-t-il d'en ordonner? par quel blasphème insulterez-vous son royal sacerdoce? son titre de Christ, comme souverain pontife et souverain seigneur, est-il un titre réel ou un titre imaginaire?..... ah! cessez, cessez de faire frémir la pudeur et le bon sens, Vandales du dix-neuvième siècle! taisez-vous; et si ce n'est par le sentiment de votre honte, que ce soit du moins par celui de votre faiblesse.

Vous ne réaliserez point la chimère que rêvent vos désirs, voici :

« Que voulons-nous? que cherchons-nous? un
« niveau plus parfait encore que celui qui nous
« égalise? mais l'inégalité renaît de la nature
« même des hommes et des choses. Combien de
« révolutionnaires choqués de n'arriver à rien dans
« le cours de la révolution, tournèrent sur eux
« les mains désespérées qu'ils avaient portées sur
« la société! Le bonnet rouge ne parut plus à leur
« orgueil qu'une autre espèce de couronne, et le

« sansculotisme qu'une sorte de noblesse dont les
« Marat et les Robespierre étaient les grands sei-
« gneurs. Furieux de retrouver l'inégalité des
« rangs jusque dans le monde des douleurs et des
« larmes, condamnés à n'être encore que des vi-
« lains dans la féodalité des niveleurs et des bour-
« reaux, ils s'empoisonnèrent ou se coupèrent la
« gorge avec rage pour échapper aux supériorités
« des crimes (1). »

Hé bien ! quelle royauté choisir ? celle du bonnet
rouge ou celle du diadème ? il en faut une ; et
dans l'alternative, pourquoi ne pas entourer celle
du diadème de tous les prestiges qui peuvent la
rendre auguste, inviolable, sacrée ?

Vous redoutez le retour du bon plaisir, et moi
je m'en moque an fond du cœur et publiquement.
Prolétaire d'origine, et surtout de conviction profonde, je suis son ennemi-né ; cependant, je ne le
crains pas ; la raison en est péremptoire, c'est
qu'il est impossible.

De son côté la république française est morte :
ses Brutus actuels ne sont pas les sévères et
probes écrivains du *National*, le savant Raspail,
l'intrépide Barbès, l'héroïque Jeanne, et tant
d'autres généreux citoyens ; mais ce sont des
conspirateurs de cabaret ; mais ce sont des sicai-
res de cantine. Du fond de ces obscures caves ont
surgi tout à coup au grand jour de hauts justiciers

1) Chateaubriand, *Mélanges politiques*, vol 25, p. 335.

populaires dont la dégoutante ivresse fonctionne en jouant au tir sur les têtes royales ; horreur ! arrachez leur noble couronne de lauriers aux faisceaux républicains et couvrez-les du néfaste cyprès ; cette funèbre parure convient seule à leur deuil.

Je le répète, et chaque jour en confirmera la preuve, la république française est morte ; au point de vue humain, elle n'a plus de tête, au point de vue divin, elle n'en eut jamais. La nature est une monarchie, et l'Etre suprême est son roi ; ceux de la terre sont les images ; et le sacre qui chez Jésus unit de haut en bas la divinité à l'homme, est le lien qui, chez les rois, unit de bas en haut l'homme à la divinité. Sans lui la tige royale, en butte à tous les vents de la révolution, ne saurait plus ni fructifier ni fleurir, ni même prendre racine au sol mouvant de la France ; et nous osons dire dans son intérêt que le moins qu'elle puisse et qu'elle doive, c'est de demander selon le rite prescrit au maître de la vigne et de l'olivier, l'appui et la rosée où elle puisera désormais une invincible vigueur contre tous les orages qui la menacent. Napoléon qui, comme Pépin-le-Bref, Hugues-Capet, et Louis-Philippe, fut un homme nouveau sur le trône de France, n'avait eu garde d'y manquer (1) ; et abs-

---

(1) L'EMPEREUR ÉVÊQUE.

Durant notre tour en calèche : c'est dimanche, a fait observer quelqu'un.

Nous aurions la messe, a dit l'empereur, si nous étions en pays chrétien, si nous avions un prêtre, et cela nous eût fait passer un

traction faite du sentiment religieux dont il riait dans sa barbe, il sentait néanmoins qu'à tout prendre, le sacre lui était utile à quelque chose.

On se récriera sans doute ici en disant que son sacre ne l'a pas sauvé; je le crois bien, car c'est

instant de la journée. J'ai toujours aimé le son des cloches de campagne, disait-il. Il faudrait se décider, ajoutait-il gaîment, à faire un prêtre parmi nous : le curé de Saint-Hélène. Mais comment l'ordonner, a-t-on dit, sans évêque? Et ne le suis-je pas a repris l'empereur? N'ai-je pas été oint du même chrême, sacré de la même manière? Clovis et ses successeurs n'avaient-ils pas été oints, dans le temps, avec la formule de *rex christique sacerdos?* N'étaient-ce point là de vrais évêques? La jalousie et la politique des évêques et des papes n'a-t-elle pas seule amené depuis la suppression de cette formule?

Lascases, *Mémorial de Sainte-Héléne,* vol. 5, page 270.

L'on vient, je pense, de se convaincre que les idées de Napoléon sur le sacre des rois et des prêtres, sont absolument les mèmes que celles de l'église catholique, universelle; et c'est pour les adversaires de ce dogme un coup si accablant qu'ils ne peuvent plus s'en relever. En effet, de tant de consécrations qui eurent lieu en Egypte, en Judée, en France et ailleurs, nous n'en considérons que six, celles de Napoléon, de Pépin-le-Bref, de Clovis, de Jésus-Christ, de Saül et d'Aaron, et nous disons :

1º Si tous ces phénomènes sont faux, il est évident que la parfaite coïncidence de six mensonges à des intervalles de temps si considérables, n'est rien moins qu'un miracle, et un miracle bien reconnu pour tel ne souffre point de réplique.

2º S'il en est parmi eux de vrais et de faux, il est évident encore que la parfaite coïncidence du vrai avec le faux, qui sont diamétralement opposés, n'est rien moins qu'un miracle si étonnant qu'il surpasse le pouvoir de Dieu même, et ne souffre point de réplique.

3º Si tous ces phénomènes sont vrais, il est evident alors qu'il n'y a plus de miracle; il n'y a que de la raison, et la raison, qui est la même partout, ne souffre nulle part de réplique.

précisément l'à ce qui la perdu. Il s'était par cette cérémonie en quelque sorte raillé du Saint-Esprit auquel il ne croyait pas , et le Saint-Esprit l'éblouit et le fascina par

> *Cet esprit de vertige et d'erreur ,*
> *De la chute des rois funeste avant-coureur* (1).

Cependant nous qui sommes français avant tout, nous adressons à notre noble pays les vœux les plus sincères pour son repos , sa gloire et sa félicité ; mais l'Esprit divin peut seul les lui donner dans la personne de ses rois. S'il n'est pas heureux autant qu'il en est digne à qui doit-il s'en prendre ? ne serait-ce point à la charte qui lui fut imposée en 1830 ? Après les erreurs de tant d'autres qui la précédèrent , et dont le temps et la raison firent bonne et prompte justice , serait-elle en droit de se croire infaillible ? nous ne le pensons pas ; mais sans vouloir préjuger ici des révélations de l'avenir , et néanmoins avec la conscience d'avoir, au-

(1) Je vous déclare que tout péché et tout blasphème sera remis aux hommes ; mais le blasphème contre le Saint-Esprit ne leur sera point remis.

Et quiconque aura parlé contre le fils de l'homme il lui sera remis ; mais si quelqu'un a parlé contre le Saint-Esprit , il ne lui sera remis ni en ce siècle ni dans le siècle à venir

Mathieu , *Evangile ,* chap. 12 , v. 31 , 32.

On le voit , toute parole , et à plus forte raison tout acte personnellement injurieux au Saint-Esprit , est sans pardon même dès ce monde. Et cela se conçoit très facilement puisque le Saint-Esprit est la sagesse de Dieu , et, par conséquent, la raison de l'homme :

tant qu'il nous est permis, fait un acte de civisme et de religion, nous terminons ces essais en disan du sacre de nos rois ce que l'on a dit de Dieu : s'i n'existait pas il faudrait l'inventer.

donc, quiconque parle contre la sagesse divine s'aveugle lui-même et quiconque va au rebours de la raison humaine va tout droit à sa perte.

FIN.

www.ingramcontent.com/pod-product-compliance
Lightning Source LLC
LaVergne TN
LVHW050640060726
842527LV00004B/1399